VENTE,
Relieur et Doreur des
Menus Plaisirs de la
Chambre du Roy

SPECTACLES

DONNÉS

A FONTAINEBLEAU

Pendant le Séjour de leurs MAJESTÉS *en l'Année* 1754.

DE L'IMPRIMERIE

DE BALLARD, ſeul Imprimeur du Roi pour la Muſique, & Noteur de la Chapelle de Sa Majeſté, rue S. Jean-de-Beauvais, à Ste. Cécile.

Par exprès Commandement de SA MAJESTÉ.

Les Changemens & Retranchemens qui ont été faits à la Représentation de ces Piéces seront désignez par une Etoile.

TABLE
DES OUVRAGES

Qui ont été représentés en 1754 sur le Théâtre Royal de Fontainebleau, pendant le Séjour de leurs MAJESTÉS.

OPERA.

Fragmens composés de

LA NAISSANCE D'OSIRIS ou la Fête PAMILIE, *Ballet allégorique à l'occasion de la Naissance de M. le* DUC DE BERRI. *Les paroles du Sieur de* Cahusac, *de l'Académie Royale des Sciences & Belles-Lettres de Prusse, & la Musique du Sieur* Rameau.

LES INCAS DU PÉROU, *Acte de Ballet des* INDES GALANTES, *de* Fuzelier *& du Sieur* Rameau.

PIGMALION, *Acte de Ballet de* la Motte, *remis au Théâtre avec des changemens, par le Sieur* Balot de Sovot *& la Musique du Sieur* Rameau.

SPECTACLES

THESÉE, *Tragédie de* Quinault, *& de* Lully.

ANACRÉON, *Ballet héroique en un Acte, du Sieur de* Cahusac *& du Sieur* Rameau.

DAPHNIS & ALCIMADURE, *Pastorale Languedocienne en trois Actes, précédée d'un Prologue, dont les paroles & la Musique sont du Sieur* Mondonville.

ALCESTE, ou le TRIOMPHE D'ALCIDE, *Tragédie de* Quinault *& de* Lully.

THETIS & PELÉE, *Tragédie du Sieur de* Fontenelle, *un des Quarante de l'Académie Françoise, & de* Colasse.

TRAGÉDIES REPRÉSENTÉES

PAR

LES COMÉDIENS FRANÇOIS.

LE DUC DE FOIX, *du Sieur de* Voltaire, *de l'Académie Françoise.*

HERODE & MARIANNE, *du même.*

LES TROYENNES, *du Sieur de* Chateaubrun, *Maître d'Hôtel de M. le Duc d'Orleans.*

CINNA, *de* Pierre Corneille.

AMALAZONTE, *du Sieur Marquis de* Ximennes.

DONNÉS A FONTAINEBLEAU.

COMÉDIES.

LE CURIEUX IMPERTINENT, *Comédie en cinq Actes & en Vers*, *de* Destouches.

Le MUET, *en cinq Actes & en prose*, *de* Brueis.

CENIE, *en cinq Actes & en Prose*, *de la Dame de* Graffigny.

Le COMPLAISANT, *en cinq Actes & en Prose*, *du Sieur de* ****.

Les DEHORS TROMPEURS OU l'HOMME DU JOUR, *en cinq Actes & en Vers*, *du Sieur de* Boissy, *un des Quarante de l'Académie Françoise.*

L'ÉTOURDIE, *en un Acte & en Prose*, *du Sieur* Fagan.

Le RENDEZ-VOUS, *en un Acte & en Prose*, *du même.*

CRISPIN, Medecin, *en trois Actes & en Prose*, d'Hauteroche.

Le LEGS, *en un Acte & en Prose*, *du Sieur de* Marivaux, *de l'Académie Françoise.*

Le FRANÇOIS A LONDRES, *en un Acte & en Prose*, *du Sieur de* Boissy.

Le FAT PUNI, *en un Acte & en Prose*, *du Sieur de* ****.

SPECTACLES.

L'IMPROMPTU DE CAMPAGNE, *en un Acte & en Vers, de* Poiſſon.

Le PRÉJUGÉ VAINCU, *en un Acte & en Proſe, du Sieur de* Marivaux.

Le MARIAGE FAIT ET ROMPU, *en trois Actes & en Vers, de* Dufreſny.

COMÉDIES REPRÉSENTÉES

PAR

LES COMÉDIENS ITALIENS.

LE JOUEUR, *Piéce Italienne en trois Actes.*

Le MARI GARÇON, *Comédie en trois Actes & en Vers, du Sieur de* Boiſſy.

JOURNAL

Des differens Spectacles donnés en 1754, *sur le Théâtre Royal de Fontainebleau, pendant le Séjour de leurs* MAJESTÉS.

Le Mardi 8 Octobre.

LES Comédiens François représenterent le Curieux impertinent, *Comédie en cinq Actes & en Vers, de* Destouches, *dont les Rôles furent remplis par les Acteurs suivans.*

ACTEURS.

LES SIEURS,

GERONTE,	La Thorilliere.
LÉANDRE, *Amant de Julie*,	Grandval.
DAMON, *Ami de Léandre*,	Bellecourt.
L'OLIVE, *Valet de Léandre*,	Armand.
CRISPIN, *Valet de Damon*,	Preville.
UN LAQUAIS DE GERONTE.	

SPECTACLES

ACTRICES.

LES DEMOISELLES,

JULIE, *Fille de Geronte,*	Gaussin.
NERINE, *Servante de Julie,*	Dangeville.

Le Curieux impertinent *fut suivi de l'*Étourdi, *petite Comédie en un Acte & en Prose, du Sr* Fagan.

ACTEURS.

LES SIEURS,

CLEONTE,	La Thorilliere.
MONDOR,	Bellecourt.
L'ASSESSEUR,	Dangeville.
PYRANTE, *Oncle de Mondor,*	Armand.
CRISPIN, *Valet de Mondor,*	Preville.

ACTRICES.

LES DEMOISELLES,

Mme CLEONTE, *Femme de Mr. Cleonte,*	Grandval.
Mlle CLEONTE, *Sœur de Mr. Cleonte,*	Lavoye.

Le Mercredi 9.

LES Comédiens Italiens donnerent une représentation du Joueur, *Piéce Italienne en trois Actes, dont les Rôles furent remplis par les Acteurs suivans.*

ACTEURS.

LES SIEURS,

MARIO, Joueur, *Amant de Silvia,*	Mario.
LELIO, *Beaufrere de Mario, & Mari de Lucinde,*	Baleti.
PANTALON, *Oncle de Silvia,*	Veronese.
ARLEQUIN, *Valet de Mario,*	Carlin.
UN CLERC DE NOTAIRE,	Sticoti.
UN MARCHAND,	Gandini.
UN ROTISSEUR,	De Hesse.
UN BIJOUTIER,	Siavarelli.
UN CAPITAINE DE VAISSEAU,	Gandini.
DEUX JOUEURS,	Chanville. Desbrosses.

ACTRICES.

LES DEMOISELLES,

SILVIA, *Niéce de Pantalon, promise à Mario,*	Silvia.
LUCINDE, *Femme de Lelio, & Sœur de Mario,*	De Hesse.
CORALINE, *Suivante de Silvia,*	Coraline.

Le Jeudi 10.

LES *Comédiens François donnerent le* Duc de Foix, *Tragédie en cinq Actes, du Sieur de* Voltaire, *dont les Rôles furent remplis par les Acteurs suivans.*

ACTEURS.

Les Sieurs,

LE DUC,	Le Kain.
VANIRE, *son Frere,*	Bellecourt.
LISOY,	Grandval.
EMARE, *Confident de Vanire,*	Bonneval.
UN CONFIDENT DU DUC,	Dubreuil.

ACTRICES.

Les Demoiselles,

AMÉLIE,	Gauffin,
TAISE,	Lavoye.

Cette Tragédie fut suivie du Rendez-vous, *petite Comédie en un Acte & en Prose, du Sieur* Fagan.

ACTEURS.

Les Sieurs,

VALERE,	Bellecourt.
CRISPIN, *son Valet,*	Preville.

DONNÉS A FONTAINEBLEAU.

M. JACQUEMIN, *Sous-fermier, Amoureux de Lucile,*	La Thorilliere,
CHARLOT, *Jardinier de Lucile,*	Armand.

ACTRICES.

LES DEMOISELLES.

LUCILE, *jeune Veuve,*	Grandval.
LISETTE,	Dangeville.

Le Samedi 12 Octobre.

L'*OPERA fit l'ouverture de son Spectacle par une premiere représentation des* Fragmens , *composés de la Naissance d'*Osiris , *ou la Fête* Pamilie , *Ballet allégorique en un Acte à l'occasion de la Naissance de* M. LE DUC DE BERRI, *de l'Acte des* Incas du Pérou , *du Ballet des* Indes Galantes, *& de* Pigmalion. *Ces trois Actes ont été représentés dans l'ordre qui suit.*

FRAGMENTS
REPRÉSENTÉS
DEVANT LE ROI
A FONTAINEBLEAU,
Le *Octobre* 1754.

DE L'IMPRIMERIE
DE BALLARD, seul Imprimeur du Roi pour la Musique, & Noteur de la Chapelle de Sa Majesté, rue Saint-Jean-de-Beauvais, à Sainte Cécile.

Par exprès Commandement de Sa Majesté.

LA NAISSANCE
D'OSIRIS,
OU LA FESTE
PAMILIE,
BALLET ALLÉGORIQUE.

Les Paroles sont du Sr. de CAHUSAC, de l'Académie Royale des Sciences & Belles-Lettres de Prusse.

La Musique du Sr. RAMEAU.

Les Ballets de la Composition du Sr. LAVAL, Maître des Ballets du Roi.

PAMILIE entendit une voix en ſortant du Temple de Jupiter à Thebes, qui lui commanda de publier qu'OSIRIS venoit de naître, qu'il ſeroit un grand Prince, & qu'il rendroit les ſervices les plus ſignalés à ſa Patrie. PAMILIE obéït, nourrit & éleva OSIRIS, qui fit le bonheur & fut la gloire de l'Egypte.

Pour rendre cette époque à jamais mémorable, on inſtitua la Fête PAMILIE, dans laquelle on rappelloit l'événement heureux qui y avoit donné lieu; on le célébroit dans toute l'Egypte par des Chants & des Danſes qui exprimoient la joie & le bonheur d'un Peuple aimable gouverné par la Sageſſe & l'Amour.

CHŒURS CHANTANS.

CÔTÉ DU ROI.	CÔTÉ DE LA REINE.
Les Demoiſelles.	*Les Demoiſelles.*
Baurans.	D'Egremont C.
Canavas.	Godonêche.
Bertrand.	Travaux.
D'Egremont L.	Cheſvreſmont
Les Sieurs.	*Les Sieurs.*
Camus.	Chabalante,
Ayutò.	Joguet.
Benoît.	Guerin.
Boſguillon.	Abraham.
Godonêche.	Du Gros.
Gros.	Richer P.
Bêche.	D'Egremont.
Le Begue.	Tavernier.
Bazire.	Charles.
Double	

ACTEURS CHANTANS.

PAMILIE, La Dlle. FEL.
UN BERGER, Le Sr. POIRIER.
LE GRAND-PRESTRE *de Jupiter*, Le Sr. GELIN.
JUPITER, Le Sr. DE CHASSE'.
L'AMOUR ET LES GRACES.
BERGERS ET BERGERES.
PRESTRES ET PEUPLES.

PERSONNAGES DANSANS.

BERGERS.

Les Srs. Beat, l'Epy, Rousseau, Galobier, Baletti C. Marcel.

BERGERES.

Les Dlles. Dumiray, Rousselet, Deschamps, Riquet, Masson, Humblot.

UNE BERGERE.

La Dlle. Puvigné.

PRESTRES *de Jupiter.*

Les Srs. Vestris, Lyonnois, Laval.

L'AMOUR.

La Dlle. Catinon.

LES GRACES,

Les Dlles. Coupée, Chevrier, Marquise.

La Scene est à Thebes en Egypte, au-devant du Temple de Jupiter.

LA NAISSANCE D'OSIRIS, *OU LA FESTE* PAMILIE, *BALLET ALLÉGORIQUE.*

Le Théâtre repréſente le Temple de Jupiter. *

SCENE PREMIERE.

PAMILIE, UN BERGER, BERGERS, BERGERES, PEUPLES.

CHŒUR ſur lequel on danſe.

COULÉS jours de paix, jours heureux,
L'Amour nous guide & vous enchaîne.

* Les Temples des Anciens Egyptiens étoient entourés deplufieurs avenues de Colonnes, & ne reſſembloient point aux modeles que nous avons des Temples des Grecs & des Romains. V. *Paul Lucas.*

Il manque un ſeul bien à nos vœux,
Chaque inſtant vole & nous l'amene.

UN BERGER.

L'Aurore, en brillant à nos yeux,
Nous rappelle au plaiſir & jamais à la peine.

PAMILIE.

Il n'eſt point dans nos bois de Bergere inhumaine;
Tous nos Bergers ſont amoureux.

ENSEMBLE.

Nous changeons tous les jours de Plaiſirs & de Jeux,
Nous ne changeons jamais de chaîne.

CHŒUR.

Il manque un ſeul bien à nos vœux,
Chaque inſtant vole & nous l'amene.

Les Bergers portent leurs préſens dans l'intérieur du Temple de Jupiter.

PAMILIE.

Non, non, une flâme volage,
Ne peut me ravir mon Berger.

Ce

Ce n'est point un goût passager
Qui nous enchaîne & nous engage.
Qui pourroit l'aimer d'avantage ?
Que gagneroit-il à changer ?

Non, non, une flâme volage
Ne peut me ravir mon Berger.

On danse.

Le Ciel s'obscurcit, les Eclairs brillent, le Tonnerre gronde, l'effroi trouble & disperse les BERGERS.

CHŒUR.

Jupiter s'arme de la foudre :
Son Char brûlant s'élance & roule dans les airs.
Quels coups redoubles !... quels éclairs ?
O Dieux ! le feu du Ciel va nous reduire en poudre.

SCENE II.

LE GRAND-PRÊTRE de Jupiter, PRÊTRES, PAMILIE, UN BERGER, BERGERS, BERGERES, PEUPLES.

LE GRAND-PRÊTRE.

PEUPLES fidéles, est-ce à vous
De craindre la foudre qui gronde ?

Le Ciel en reſerve les coups,
Pour punir les crimes du monde.

Que le plus doux eſpoir ſuccéde à vos terreurs.

La flâme des Eclairs, les éclats du Tonnerre,
Dans ces heureux momens n'annoncent à la Terre
Que les plus brillantes faveurs.

Votre encens au Ciel a ſçu plaire.
Déja combien de fois ſon ſecours tutélaire,
N'a-t'il pas eſſuyé vos pleurs?

Une Symphonie majeſtueuſe & celeſte ſe mêle aux éclats du Tonnerre; le Ciel s'éclaire.

LE GRAND-PRÊTRE.

Que vois-je?.. Quel bonheur extrême!...
Mortels, du Souverain des Dieux,
Contemplez, en tremblant, la majeſté ſuprême.
Peuples fortunés, c'eſt lui-même
Qui daigne s'offrir à nos yeux.

JUPITER deſcend dans l'éclat de ſa gloire, L'AMOUR eſt à ſes pieds: Un peu plus bas les GRACES ſont groupées autour de lui.

SCENE III.

JUPITER, L'AMOUR, LES GRACES, LE GRAND-PRÊTRE de Jupiter, *PRÊTRES, PAMILIE, UN BERGER, BERGERS, BERGERES, PEUPLES.*

JUPITER.

QU'IL est doux de regner dans une Paix profonde !
Que le sort aux Mortels prépare de beaux jours !
Rien ne peut plus troubler le Ciel, la Terre, & l'Onde :
L'Amour, qui me seconde,
De leur félicité vient d'assurer le cours.

Il est né, ce Héros, que vos vœux me demandent,
Que j'aime à parcourir la suite de ses ans !
Je vois déja briller tous ces traits éclatans,
Que vos tendres cœurs en attendent,
Dans les fastes secrets des Destins & du Tems.

CHŒUR.

Chants d'allegresse & de victoire,
Eclatez sur la Terre & brillez dans les Airs.
Les flâmes de l'Amour éternisent la gloire
Du plus beau Sang de l'Univers.

Les Prêtres vont rendre hommage à Jupiter, & ils conduisent à ses pieds les Bergers, que l'éclat de sa gloire sembloit éblouir, & rendoit timides.

PAMILIE ET UN BERGER.

Paroissez, doux transports, paroissez en ce jour,
Aux regards d'un Dieu qui nous aime.

PAMILIE.

L'éclat de la Grandeur suprême,
Le flâte moins que notre Amour.

ENSEMBLE.

Il bannit loin de nous la discorde & la guerre:
Offrons lui tous les Jeux que rassemble la Paix.

PAMILIE.

Qu'il jouisse de ses bienfaits,
En voyant le bonheur qu'il répand sur la Terre.

ENSEMBLE.

Il bannit loin de nous la discorde & la guerre,
Offrons lui tous les Jeux que rassemble la Paix.

La Fête continue.

JUPITER.

Mortels, le soin de ma grandeur,
Au séjour des Dieux me rappelle;
Mais la Terre est l'objet le plus cher à mon cœur.
Je lui laisse l'Amour. Il en fait le bonheur,
Que sans cesse il regne sur elle.

JUPITER remonte, & dans le même moment l'AMOUR & les GRACES descendent.

SCENE IV.

PAMILIE, L'AMOUR, LES GRACES, BERGERS, BERGERES, PEUPLES.

Tous les BERGERS entourent L'AMOUR & les GRACES. L'AMOUR lance ſes fléches ſur les BERGERS, les effraye & les bleſſe.

Une jeune BERGERE lui réſiſte. Il la pourſuit. Il eſt ſur le point de l'atteindre lorſqu'elle a l'adreſſe de lui ravir la fléche, dont il vouloit la bleſſer. La BERGERE triomphe; mais L'AMOUR ſaiſit un trait nouveau, & il ſe forme un eſpéce de combat entre Elle & L'AMOUR.

PAMILIE.

REGNE, Amour, ſans nous allarmer;
Quitte tes armes. Tout ſoupire;
Tu n'as beſoin pour nous charmer,
Que de folâtrer & de rire.

Dans nos Bois on ne ſait qu'aimer,
C'eſt par ta flâme qu'on reſpire;
La gaite qu'elle nous inſpire,
Sert encor à la ranimer.

Regne, Amour, ſans nous allarmer;
Quitte tes armes. Tout ſoupire;
Tu n'as beſoin pour nous charmer,
Que de folâtrer & de rire.

L'AMOUR ſe laiſſe déſarmer. Les GRACES lui préſentent des guirlandes de fleurs : il leur ordonne d'en former des chaînes pour les BERGERS, & il en prend une qu'il offre à la jeune BERGERE. Celle-ci la reçoit avec ingénuité, & dans le moment que L'AMOUR y ſonge le moins, la BERGERE en forme une chaîne pour lui même.

CHŒUR ſur lequel L'AMOUR & la BERGERE ſont reconduits comme en triomphe, tandis que tous les BERGERS les entourent en danſant.

Dieu de nos cœurs,
Ta main charmante,
Ici ne préſente
Que des nœuds de fleurs.
Chantons,
Danſons,
C'eſt l'amour qui nous mene.

Dieu de nos cœurs,
Point d'Inhumaine,
Plus d'attente vaine;
Toujours des faveurs.
Les Ris, les Jeux,
Ont embelli ta chaîne,
Et tu remplis nos vœux.

Fin du Divertiſſement.

LES JNCAS
DU PEROU,
ACTE DE BALLET.

Les Paroles ſont du feu Sr. FUSELIER.

La Muſique du Sr. RAMEAU.

Les Ballets de la Compoſition du Sr. LAVAL Maître des Ballets du Roi.

ACTEURS CHANTANS.

HUASCAR JNCA,
Ordonnateur de la Fête du Soleil, Le Sr. DE CHASSÉ.

PHANI PALLA, *de la race Royale,* La Dlle. CHEVALIER.

DOM CARLOS, *Officier Espagnol, Amant de* PHANI, Le Sr. POIRIER.

UN JNCA. Le Sr. GODONECHE.

PERSONNAGES DANSANS.

PERUVIENS ET PERUVIENNES.

La Dlle. Vestris.

Le Sr. Lany. La Dlle. Lany.

Les Srs. Rousseau, Feuillade, Billoni, le Lievre, Balleti C. Du Bois.

Les Dlles. Marquise, Chevrier, Humblot, Coupée, Camille, Masson.

LES

LES JNCAS DU PEROU,

ACTE DE BALLET.

Le Théâtre repréſente un déſert du Perou, terminé par une montagne aride : Le ſommet en eſt couronné par la bouche d'un Volcan, formée de Rochers calcinés, couverts de cendres.

SCENE PREMIERE.

PHANI PALLA, DOM CARLOS, Officier Eſpagnol.

CARLOS.

Vous devés bannir de votre ame,
La criminelle erreur qui ſéduit les Jncas ;
Vous l'avés promis à ma flamme :
Pourquoi differez-vous ? Non, vous ne m'aimez pas...

C

PHANI.

Que vous pénétrés mal mon ſecret embarras !
Quel injuſte ſoupçon !.. Quoi, ſans inquiétude,
Briſe-t-on à la fois
Les liens du ſang & des loix ?
Excuſez mon incertitude.

CARLOS.

Dans un culte fatal, qui peut vous arrêter ?

PHANI.

Ne croyez point, Carlos, que ma raiſon balance ;
Mais, de nos fiers Jncas, je crains la violence...

CARLOS.

Ah ! Pouvés-vous les redouter ?

PHANI.

Sur ces monts leurs derniers aziles,
La Fête du Soleil va les raſſembler tous....

CARLOS.

Du trouble de leurs jeux que ne profitons-nous ?

PHANI.

Ils obſervent mes pas...

CARLOS.

Leurs ſoins ſont inutiles,
Si vous m'acceptez pour Epoux.

PHANI.

Carlos, allés, pressés ce moment favorable,
Délivrés-moi d'un séjour détestable;
Mais ne soyes pas seul... Quel funeste malheur!
Si votre mort... Le peuple est barbare, implacable
Et quelque fois le nombre accable,
La plus intrépide valeur.

Allés; ma crainte est pardonnable;
Empruntés du secours, rassemblés vos guerriers,
Conduisés leur courage à de nouveaux lauriers.

SCENE II.

PHANI PALLA.

VIENS, Hymen, viens m'unir au Vainqueur que j'adore;
Forme tes nœuds, enchaîne-moi.
Dans ces tendres instans où ma flamme t'implore,
L'Amour même n'est pas plus aimable que toi.

Viens, Hymen, viens m'unir au Vainqueur que j'adore;
Forme tes nœuds, enchaîne-moi.

SCENE III.

PHANI PALLA, HUASCAR JNCA, UN JNCA.

HUASCAR.

ELLE est seule... Parlons, l'instant est favorable...
Mais je crains d'un Rival l'obstacle redoutable.
Parlons au nom des Dieux pour surprendre son cœur ;
Tout ce que dit l'amour est toujours pardonnable.

à PHANI.

Le Dieu de ces climats dans ce beau jour m'inspire :
Princesse, le Soleil daigne veiller sur vous,
Et lui-même dans notre Empire,
Il prétend par ma voix vous nommer un Epoux.
Vous frémissés. . D'où vient que votre cœur soupire ?

Obéissons sans balancer,
Lorsque le Ciel commande.

Nous ne pouvons trop nous presser
D'accorder ce qu'il nous demande ;
Y refléchir, c'est l'offenser.

Lorsque le Ciel commande,
Obéissons sans balancer.

PHANI.

Non, non, je ne crois pas tout ce que l'on aſſûre
En atteſtant les Cieux ;
C'eſt ſouvent l'impoſture
Qui parle au nom des Dieux.

HUASCAR.

Pour les Dieux & pour moi quelle coupable injure !
Je ſais ce qui produit votre incrédulité,
C'eſt l'amour. Dans votre âme il eſt ſeul écouté.

PHANI.

L'amour ! Que croyés-vous ?

HUASCAR.

Oui, vous aimés, perfide,
Un de nos Vainqueurs inhumains . . .
Ciel ! Mettras-tu toujours tes armes dans leurs mains ?

PHANI.

Redoutés le Dieu qui les guide.

HUASCAR.

C'eſt l'or qu'avec empreſſement,
Sans jamais s'aſſouvir, ces barbares dévorent ;
L'or, qui de nos Autels ne fait que l'ornement,
Eſt le ſeul Dieu que nos tyrans adorent.

PHANI.

Téméraire ! Que dites-vous !
Révérés leur puiſſance & craignés leur couroux.

Pour leur obtenir vos hommages,
Faut-il des miracles nouveaux?
Vous avez vu de nos rivages,
Leurs Villes flotter sur les eaux;
Vous avez vu dans l'horreur de la guerre,
Leurs invincibles bras disposer du Tonnerre.

SCENE IV.

HUASCAR JNCA, UN JNCA.

On entend un prélude qui annonce la Fête du Soleil.

HUASCAR,

à part.

ON vient. Dissimulons mes transports à leurs yeux.

A L'JNCA.

Vous savés mon projet. Allés; qu'on m'obéisse...

à part.

Je n'ai donc plus pour moi qu'un barbare artifice,
Qui de flâme & de sang innondera ces lieux;
Mais que ne risque point un amour furieux!

SCENE V.

LA FESTE DU SOLEIL.

HUASCAR JNCA, PHANI PALLA ramenée par des JNCAS, *PALLAS ET JNCAS, SACRIFICATEURS, PERUVIENS ET PERUVIENNES.*

HUASCAR.

SOLEIL, on a détruit tes ſuperbes aziles,
Il ne te reſte plus de Temple que nos cœurs:
Daigne nous écouter dans ces déſerts tranquilles,
Le zéle eſt pour les Dieux le plus cher des honneurs.

LES PALLAS & les JNCAS font leur adoration au Soleil.

HUASCAR.

Brillant Soleil, jamais nos yeux dans ta carriere,
N'ont vû tomber de noirs frimats!
Et tu répans dans nos climats
Ta plus éclatante lumiere.

CHŒUR.

Brillant Soleil, &c.

Danſe de PERUVIENS & de PERUVIENNES.

HUASCAR.

Clair flambeau du monde,
L'Air, la Terre, & l'Onde
Reſſentent tes bienfaits.
Clair flambeau du monde,
L'Air, la Terre, & l'Onde
Te doivent leurs attraits.

CHŒUR.

Clair flambeau, &c.

HUASCAR.

Par toi dans nos chams tout abonde;
Nous ne pouvons compter les biens que tu nous fais!
Chantons les ſeulement. Que l'Echo nous reponde,
Que ton nom dans nos Bois retentiſſe à jamais.

CHŒUR.

Clair flambeau, &c.

HUASCAR.

Tu laiſſes l'Univers dans une nuit profonde
Lorſque tu diſparois!
Et nos yeux en perdant ta lumiere féconde,
Perdent tous leurs plaiſirs; la beauté perd ſes traits.

CHŒUR,

CHŒUR.

Clair flambeau du monde,
L'Air, la Terre, & l'Onde
Ressentent tes bienfaits.

On danse.

HUASCAR.

Permettés, Astre du jour,
Qu'en chantant vos feux, nous chantions d'autres flâmes
Partagés, Astre du jour,
L'encens de nos âmes
Avec le tendre Amour.

Le Soleil, en guidant nos pas,
Repand ses appas.
Dans les routes qu'il pare.
Raison, quand malgré tes soins,
L'Amour nous égare,
Nous plaît-il moins?

Vous brillés, Astre du jour,
Vous charmés nos yeux par l'éclat de vos flâmes;
Vous brillés, Astre du jour;
L'astre de nos âmes
C'est le tendre Amour. On danse.

La Fête est troublée par un tremblement de terre.

CHŒUR.

Dans les abîmes de la terre,
Les vents se déclarent la guerre!

L'air s'obscurcit, le tremblement redouble, le Volcan s'allume, & jette par tourbillons, du feu & de la fumée.

CHŒUR.

Les rochers embrasés s'élancent dans les airs,
Et portent jusqu'aux Cieux les flâmes des enfers.

L'épouvante saisit les PERUVIENS, ils se dispersent; HUASCAR arrête PHANI, & le tremblement de Terre semble s'apaiser.

SCENE VI.

PHANI PALLA, HUASCAR JNCA.

HUASCAR, à PHANI, qui traverse le Théâtre en fuyant.

ARRESTÉS. Par ces feux, le Ciel vient de m'apprendre,
Qu'à son Arrêt il faut vous rendre;
Et l'Hymen....

PHANI.

Qu'allés-vous encor me révéler ?
O jour funeste ! Dois-je croire
Que le Ciel jaloux de sa gloire,
Ne s'explique aux humains qu'en les faisant trembler ?

SCENE VII.

PHANI PALLA, HUASCAR JNCA, DOM CARLOS Officier Espagnol & sa Suite.

HUASCAR, arrêtant encore PHANI.

VOUS fuyés, quand les Dieux daignent vous appeller !
Eh bien, cruelle, eh bien ! vous allés me connoître,
Suivés l'Amour jaloux ....

CARLOS.

Ton crime ôse paroître !

PHANI.

Le Soleil jusqu'au fonds des antres les plus creux
Vient d'allumer la terre, & son courroux présage...

CARLOS.

Princesse, quelle erreur ! C'est le Ciel qu'elle outrage.

Cet embrasement dangereux,
Du Soleil n'est point l'ouvrage;

Montrant HUASCAR.

Il est celui de sa rage.
Un seul rocher jetté dans ces gouffres affreux,
Y réveillant l'ardeur de ces terribles feux,
Suffit pour exciter un si fatal ravage.
Le perfide espéroit vous tromper dans ce jour,
Et que votre terreur serviroit son amour.
Sur ces monts mes Guerriers punissent ses complices,
Ils vont trouver dans ces noirs précipices
Des tombeaux dignes d'eux...

à HUASCAR.

Mais il te faut de plus cruels supplices.

à PHANI.

Accordés votre main à son Rival heureux,
C'est-là son châtiment:

HUASCAR.

Ciel! Qu'il est rigoureux!

PHANI ET CARLOS.

PHANI & CARLOS s'adressent l'un à l'autre les paroles de ce *Trio*. HUASCAR chante les siennes à part.

Pour jamais l'Amour nous engage,
Non, non, rien n'est égal à ma félicité!

HUASCAR.

Non, rien n'égale ma rage,
Je suis témoin de leur félicité.

PHANI ET CARLOS.

Ah! mon cœur a bien mérité
Le ſort qu'avec vous il partage.

HUASCAR.

Faut-il que mon cœur irrité
Ne puiſſe être vengé d'un ſi cruel outrage?

PHANI ET CARLOS.

Pour jamais l'Amour nous engage,
Non, non, rien n'eſt égal à ma félicité!

HUASCAR.

Non, rien n'égale ma rage,
Je ſuis témoin de leur félicité.

SCENE VIII.

Le Volcan ſe rallume, & le tremblement de Terre recommence.

HUASCAR.

LA flamme ſe rallume encore:...
Loin de l'éviter, je l'implore....
Abîmes embraſés, j'ai trahi les Autels,
Exercés l'emploi du Tonnerre;
Vengés les droits des Immortels;
Déchirés le ſein de la Terre;

Sous mes pas chancelans,
Renverſés, diſperſés ces arides montagnes;
Lancés vos feux dans ces triſtes campagnes,
Tombés ſur moi, rochers brûlans.

Le Volcan vomit des Rochers enflammés qui écraſent le criminel HUASCAR.

FIN.

PIGMALION,
ACTE
DE BALLET.

La Musique est du Sr. RAMEAU.

Les Ballets de la Composition du Sr. LAVAL, Maître des Ballets du Roi.

ACTEURS CHANTANS.

PIGMALION, Le Sr. JÉLIOTE.

CEPHISE, *Amante de Pigmalion,* La Dlle. LAMALLE.

LA STATUE *animée,* La Dlle. PUVIGNÉ.

L'AMOUR, La Dlle. DE RIANCOURT.

PERSONNAGES DANSANS.

LES GRACES.

Les Dlles. Lany, Marquise, Coupé.

PLAISIRS.

Les Srs. Galobier, Baletti, Rousseau.

Les Dlles. Riquet, Dumiray, Masson.

NIAIS ET NIAISES.

Le Sr. Beat. La Dlle. Lyonnois.

PAYSANS.

Les Srs. Lany, Laval.

SUITE DE PIGMALION.

Les Srs. Feuillade, Dubois, Vestris C.

Les Dlles. Chevrier, Humblot, Camille.

PIGMALION.

PIGMALION, *ACTE* DE BALLET.

Le Théâtre repréſente l'Attelier de Pigmalion, au milieu duquel paroît la Statue, dont il eſt charmé.

SCENE PREMIERE.

PIGMALION.

FATAL Amour! Cruel Vainqueur!
Quels traits as-tu choiſi pour me percer le cœur?

Je tremblois de t'avoir pour maître.
J'ai craint d'être ſenſible, il falloit m'en punir,
Mais devois-je le devenir,
Pour un objet qui ne peut l'être?

E

Fatal Amour ! Cruel Vainqueur !
Quels traits as-tu choisi, pour me percer le cœur ?

Insensible témoin du trouble qui m'accable,
Se peut-il que tu sois l'ouvrage de ma main ?
Est-ce donc pour gemir & soupirer en vain,
Que mon Art a produit ta figure adorable ?

Fatal Amour ! Cruel Vainqueur !
Quels traits as-tu choisi pour me percer le cœur ?

SCENE II.

PIGMALION, CEPHISE.

CEPHISE.

PIGMALION, *est-il possible,*
Que tu sois insensible
Aux feux dont je brûle pour toi ?
Cet objet t'occupe sans cesse :
Peut-il m'enlever ta tendresse,
Et te faire oublier ....

PIGMALION,

Cephise plaignés-moi.
N'accusés que les Dieux ; j'éprouve leur vengeance ;
J'avois bravé l'Amour ; il cause mon tourment.

CEPHISE.

Tu voudrois te servir d'un vain déguisement,
Pour me cacher un amour qui m'offense.

PIGMALION.

Oui, je sens de l'Amour toute la violence,
Et vous voyés l'objet de cet enchantement.

CEPHISE.

Non, je ne te crois point, quelque secrete chaîne,
Te retient & s'oppose à mes vœux les plus doux.

PIGMALION.

Tel est l'effet du celeste couroux,
Qu'il m'impose la peine,
D'une flâme frivole & vaine,
Et m'ôte la douceur de soupirer pour vous.

CEPHISE.

Cruel, il est donc vrai que cet objet t'enflâme :
A de si vains transports abandonne ton ame ;
Puissent les justes Dieux, par cette folle ardeur,
Punir l'égarement de ton barbare cœur.

Elle sort.

SCENE III.

PIGMALION, considérant sa Statue.

QUE d'appas ! Que d'attraits ! Sa grace enchanteresse,
M'arrache malgré moi des pleurs & des soûpirs.
Dieux ! Quel égarement ! Quelle vaine tendresse !

O Venus, Mere des plaisirs,
Etouffe dans mon cœur d'inutiles desirs.

Pourrois-tu condamner la source de mes larmes ?
L'Amour forma l'objet dont mon cœur est épris :
Reconnois à mes feux l'ouvrage de ton fils ;
Lui seul pouvoit rassembler tant de charmes.

On entend une Symphonie tendre & harmonieuse.

D'où naissent ces accords ! Quels sons harmonieux !

L'AMOUR son flambeau en main vole & traverse rapidement le Théâtre qui en devient plus éclairé.

Une vive clarté se répand dans ces lieux.

La Symphonie continue, la Statue s'anime.

Quel prodige!.. Quel Dieu!... Par quelle intelligence...
Un ſonge a-t'il ſurpris mes ſens?
Je ne m'abuſe point... O divine Influence!...
Protecteurs des Mortels!.. Grands Dieux!.. Dieux bienfaiſants!

SCENE IV.

PIGMALION, LA STATUE.

LA STATUE.

QUE vois-je? Où ſuis-je? Et qu'eſt-ce que je penſe?
D'où me viennent ces mouvemens.

PIGMALION.

O Ciel!

LA STATUE.

Que dois-je croire? Et par quelle puiſſance
Puis-je exprimer mes ſentimens?

PIGMALION.

O Venus! O Venus! Ta puiſſance infinie...

LA STATUE appercevant PIGMALION.

Ciel! Quel objet! Mon ame en eſt ravie!
Je goute en le voyant le plaiſir le plus doux.

S'adreſſant à lui.

Ah! Je ſens que les Dieux qui me donnent la vie,
Ne me la donnent que pour vous.

PIGMALION.

De mes maux à jamais cet aveu me délivre;
Vous ſeule, aimable objet, pouviés me ſecourir:
Si le Ciel ne vous eut fait vivre,
Il me condamnoit à mourir.

LA STATUE.

Quel heureux ſort pour moi! Vous partagés ma flâme,
Ce n'eſt pas votre voix qui m'en inſtruit le mieux:
Mais je reconnois dans vos yeux
Ce que je reſſens dans mon ame.

PIGMALION.

Pour un cœur tout à moi, puis-je trop m'enflammer?
Que votre ardeur doit m'être chere:
Vos premiers mouvemens ont été de m'aimer.

LA STATUE.

Mon premier désir de vous plaire.
Je suivrai toujours votre loi.

PIGMALION.

Pour tous les biens que je reçoi,
Puis-je assés . . . .

LA STATUE.

Prenés soins d'un destin que j'ignore.
Tout ce que je connois de moi,
C'est que je vous adore.

Une Symphonie annonce l'arrivée de L'AMOUR.

SCENE V.

L'AMOUR, PIGMALION, LA STATUE.

L'AMOUR à PIGMALION.

DU pouvoir de l'Amour ce prodige eſt l'effet,
L'Amour dès longtems aſpiroit
A former par ſes dons, l'Etre le plus aimable;
Mais pour les unir tous, il falloit un objet,
Dont ton Art ſeul étoit capable.

Il vit, & c'eſt pour toi; pour toi ſes tendres feux
Etoient de tes talens la juſte récompenſe:
Tu ſervis trop bien ma puiſſance,
Pour ne pas mériter d'être à jamais heureux.

Jeux & Ris qui ſuivez mes traces,
Volés, empreſſés-vous d'embellir ce ſéjour:

Venés, venés, aimables Graces,
C'eſt à vous d'achever l'ouvrage de l'Amour.

Les GRACES ſuivies des Ris & des Jeux, arrivent en danſant; le lieu de la Scene s'embellit.

L'AMOUR.

L'AMOUR continue.

Empreſſés-vous, aimables Graces,
Hâtés-vous d'achever l'ouvrage de l'Amour.

Les Graces inſtruiſent la Statue, & lui montrent les différens caractéres de la Danſe.

CHŒUR, derriere le Théâtre.

Cédons, cédons à notre impatience:
Courons tous, courons tous.

PIGMALION, à L'AMOUR.

Le Peuple dans ces lieux s'avance.
Amour, il connoîtra juſqu'où va ta puiſſance,
Et quels biens ta bonté ſçait répandre ſur nous.

L'AMOUR ſe retire; toute ſa Suite, ainſi que PIGMALION & la STATUE, l'accompagne juſqu'au fond du Théâtre, dans le même tems que le Peuple entre en danſant.

SCENE VI. ET DERNIERE.

PIGMALION, LA STATUE,
CHŒUR de la Suite de L'AMOUR,
CHŒUR DE PEUPLES.

PIGMALION au Peuple.

L'AMOUR triomphe, annoncés ſa victoire,
Ce Dieu n'eſt occupé qu'à combler nos deſirs :
On ne peut trop chanter ſa gloire,
Il la trouve dans nos plaiſirs.

LES CHŒURS AVEC PIGMALION.

L'Amour triomphe, annonçons ſa victoire,
Ce Dieu n'eſt occupé qu'à combler nos deſirs :
On ne peut trop chanter ſa gloire,
Il la trouve dans nos plaiſirs.

Le Peuple danſe autour de la STATUE.

PIGMALION.

Régne Amour, fais briller tes flâmes.
Sur des cœurs ſoûmis à tes loix,
Epuiſe ton carquois :
Lance tous tes traits dans nos âmes.

Tu nous fais, Dieu charmant, le plus heureux destin.
Je tiens de toi l'objet dont mon âme est ravie,
Et cet objet si cher respire, tient la vie
Des feux de ton flambeau divin.

Régne Amour, fais briller tes flâmes.
Sur des cœurs soumis à tes loix,
Epuise ton carquois:
Lance tous tes traits dans nos âmes.

Un Ballet général au son d'un Tambourin & de tous les autres Instrumens, termine le Divertissement.

FIN.

Le Lundi 14.

LES *Comédiens François ont donné le* Muet, *Comédie en cinq Actes & en Prose, de* Brueis, *dont les Rôles furent remplis par les Acteurs suivans.*

ACTEURS.

LES SIEURS,

LE BARON, *Pere de Timante & du Chevalier,*	Dubreuil.
LE MARQUIS DE SARDAN,	La Thorilliere.
TIMANTE, *Amant de la Comtesse,*	Bellecourt.
LE CHEVALIER, *Amant de Zaide,*	Grandval.
LE CAPITAINE,	Baron.
GUSMAN, *son Valet.*	Deschamps.
FRONTIN, *Valet de Timante,*	Armand.
SIMON,	Preville.

ACTRICES.

LES DEMOISELLES,

LA COMTESSE,	Brillant.
ZAIDE,	Grandval.
MARINE,	Dangeville.

Cette Piéce a été suivie de Crispin Medecin, *Comédie en Prose & en trois Actes,* d'Hauteroche.

ACTEURS.

LES SIEURS,

LISIDOR, *Pere de Geralde,*	La Thorilliere.
GERALDE, *Amant d'Alcine,*	Bellecourt.
MIROBOLAN, *Medecin,*	Dangeville.
MARIN, *Valet de Lisidor,*	Deschamps.
CRISPIN,	Preville.
UN CHIRURGIEN,	Dubreuil.
GRAND SIMON, *Paysan.*	Baron.

ACTRICES.

LES DEMOISELLES,

FELIANTE, *Mere d'Alcine,*	Lavoye.
ALCINE,	Brillant.
DORINE,	Beaumenard.
LISE,	Dangeville.

Le Mardi 15.

L'*OPERA donna une seconde représentation des* Fragmens.

Le Mercredi 16.

*LES Comédiens François donnerent une représentation d'*Herode *&* Mariamne, *Tragédie du Sieur de* Voltaire, *dont les Rôles furent remplis par les Acteurs suivans.*

DONNÉS A FONTAINEBLEAU.

ACTEURS.

LES SIEURS,

HERODE, *Roi de Palestine.*	Le Kain.
VARUS, Romain, *Gouverneur de Sirie,*	Bellecourt.
MAZAEL, } *Ministres d'Herode,*	{ Paulin.
DAMAS, }	{ Dubreuil.
NABAL, *Officier des Rois Asmonéens,*	Dubois.
ALBIN, *Confident de Varus.*	Bonneval.

ACTRICES.

LES DEMOISELLES,

MARIAMNE,	Gauffin.
SALOMÉ, *Sœur d'Herode,*	Dumefnil.
ELISE, *Confidente de Mariamne,*	Lavoye.

Cette Tragédie fut suivie du Legs, *Comédie en un Acte & en Prose, du Sieur de* Marivaux.

ACTEURS.

LES SIEURS,

LE MARQUIS, *engagé à épouser Hortence,*	Preville.

LE CHEVALIER, *Amant d'Hortence*, Bellecourt.
FRONTIN, *Valet du Marquis*, Armand.

ACTRICES.

LES DEMOISELLES,

HORTENCE, *promise au Marquis, & Amante du Chevalier*, Brillant.
LISETTE, *Suivante de la Comtesse*, Beaumenard.

Le Vendredi 18.

L'*OPÉRA donna une premiere représentation de* Théſée. *Cette Tragédie fut représentée dans l'ordre qui suit.*

www.ingramcontent.com/pod-product-compliance
Lightning Source LLC
LaVergne TN
LVHW011955160826
845678LV00002B/561

* 9 7 8 2 3 2 9 6 7 9 7 9 2 *